AF229957

LE COLONEL TROUDE *

Dans les dernières années de sa vie, M. Le Gonidec se délassait à recevoir, à Paris, chez lui, après sa journée, quelques jeunes compatriotes ; je dis après sa journée, car il était pauvre et travaillait pour gagner son pain de chaque jour. En parlant de la terre natale avec ceux qui en arrivaient, il se consolait de vivre forcément loin d'elle, comme Brizeux l'a si bien dit.

Le plus assidu auprès de lui était le poète des Bretons ; il aimait à lui lire ses vers dans leur langue, et n'en faisait pas un sans le lui soumettre : *Telen Arvor* lui doit plus d'une correction heureuse. A son tour, Brizeux aida le vieux maître mourant à revoir les épreuves de la seconde édition de la *Grammaire bretonne*, et j'en vois encore les feuillets épars sur le pauvre grabat d'où l'auteur, tout heureux d'avoir donné à l'imprimeur son dernier *bon à tirer*, vit se lever l'aurore de la renaissance dont nous sommes témoins.

Un des nôtres, qui contribua beaucoup à cette renaissance par de brillantes études dans la *Revue des Deux Mondes*, Emile Souvestre, venait aussi parfois consulter M. Le Gonidec sur le sens de quelques poésies qu'on lui envoyait de Bretagne pour ses articles. L'abbé Sionnet lui apportait le manuscrit de *Sainte Nonne*, le plus ancien texte breton, dont le vénérable docteur de Kergaradec avait com-

---

* Nouveau dictionnaire pratique français et breton, du dialecte de Léon, avec les acceptions diverses dans les dialectes de Vannes, de Tréguier et de Cornouaille. 1 vol. in-8° de 940 et XXVI pages. Brest. J.-B. et A. Lefournier, éditeurs. 1869. — Prix : 6 fr.)

mencé, mais renoncé à traduire tous les vers, disant, comme le fils aîné du vieillard de la fable : « Je les donne au plus fort. »

Un autre ecclésiastique, l'abbé Le Joubioux, lui montrait de belles poésies de sa façon, comme pièces justificatives de son intéressant dialecte de Vannes. Deux frères diversement distingués, mais également armés d'esprit, l'un déjà préoccupé de ce grand dictionnaire héraldique de Bretagne, où l'on trouve les noms de famille du pays si fidèlement et si heureusement traduits [1] ; l'autre qui peignait du *Breton* ce portrait, — vrai chef-d'œuvre qu'on n'a point surpassé, — MM. Pol et Alfred de Courcy, — n'étaient pas les moins exacts à rendre leurs devoirs à notre cher doyen.

Moi-même, le désir de m'instruire me conduisait fréquemment vers lui. Il voulait bien prendre la peine de me donner des leçons d'une langue que je parlais alors sans règle, et s'intéressait vivement aux textes populaires dont j'allais commencer l'impression : ce qu'il y avait d'incorrect dans l'orthographe, les mots ou les phrases, il le redressait ; il m'expliquait les expressions obscures, et m'aida plus d'une fois à retrouver le fil à travers le dédale de versions souvent embrouillées. J'ai dit dans la première édition du *Barzaz-Breiz* quelle reconnaissance je lui dois ; trente ans n'ont pu la refroidir.

Aux jeunes disciples du vieux maître se joignaient des correspondants : parmi ceux-ci, il y en avait un qu'il citait comme son meilleur élève ; les lettres qu'il recevait de lui l'étonnaient par leur sagacité ; les observations grammaticales dont elles étaient remplies le frappaient singulièrement, et il ne nous les montrait pas sans un certain orgueil paternel et patriotique.

Cet élève de M. Le Gonidec était un jeune capitaine au 1er Léger, sorti de l'École Polytechnique, dont j'entendais le nom pour la première fois; c'était M. Troude.

Quand, après la mort de M. Le Gonidec, ses disciples, sous le patronage de Msr Graverand et la direction de l'abbé Henry, fondèrent la revue des *Lizeriou Breuriez ar Feiz,* ils ne manquèrent

---

[1] *Nobiliaire et Armorial de Bretagne,* 3 vol. in-4°. Nantes, Vincent Forest et Emile Grimaud, 1862.

pas de faire appel au capitaine bretonnant. Malgré son éloignement
de la Bretagne, malgré les rudes campagnes d'Afrique auxquelles
il prenait part, en compagnie de nos glorieux compatriotes, Lamo-
ricière, Bedeau et Leflô, il se hâta de répondre au vœu qu'on lui
exprimait, et des lettres bretonnes, parfois datées de nos champs
de victoire, parfois écrites à la lueur des feux du bivouac, vinrent
étonner et charmer le comité de rédaction.

Ainsi, le capitaine Salysbury, mouillé dans les mers de l'Inde,
envoyait du pays des Védas au pays des bardes les psaumes traduits
en vers gallois; ainsi le bon abbé Dumoulin, curé de Crozon, exilé
en Bohême, adressait à ses compatriotes une grammaire latine et
bretonne qu'il avait composée pour leur utilité et sa propre conso-
lation.

En emportant avec lui au delà des mers la langue de la patrie,
le capitaine Troude n'avait fait, on le voit, que suivre nos bonnes
traditions. Si le curé de Crozon écrivit sa grammaire en Bohême,
M. Troude entreprit en Afrique son dictionnaire français et breton.
Ce livre eut-il le sort du manuscrit d'*Atala*? Fut-il aussi traversé par
les balles?. Je l'ignore. Ce que je sais, c'est qu'il arriva sain et sauf
à Brest, et qu'il est notre premier dictionnaire français-breton, mé-
thodique et correct. Ceux du P. Maunoir, de Grégoire de Rostrenen,
et de l'Armerye, très-utiles à consulter, laissaient beaucoup à désirer; croirait-on, par exemple, qu'aucun d'eux n'indiquait le genre
des mots! Le but de M. Troude était de donner un pendant que
tout le monde demandait au dictionnaire breton-français de M. Le
Gonidec, le seul mis au jour alors, et de faire prendre patience au
public jusqu'à ce qu'un éditeur généreux et patriote voulût bien se
charger d'imprimer l'autre dictionnaire du même auteur, laissé en
manuscrit.

Ayant atteint son but, et en attendant une nouvelle édition de son
livre, M. Troude ne demeura pas inactif : le charmant opuscule
intitulé *Mignon ar vugale,* les *Divizou gallek ha brezonek,* entre-
pris avec la collaboration de M. Gabriel Milin, sa traduction de
l'*Imitation de Jésus-Christ,* où je le trouve encore uni au même
collaborateur, son édition de la *Bible* bretonne de M. Le Gonidec,

ouvrage énorme, dont il a revu le texte et corrigé les épreuves, toujours aidé de l'infatigable compagnon que je viens de nommer; tous ces travaux témoignent d'une activité, d'un zèle, d'une modestie, mais surtout d'un désintéressement au-dessus d'un éloge banal.

Le duc d'Isly, son général, avait pour devise : *Ense et aratro;* notre compatriote La Tour-d'Auvergne a reçu de Brizeux celle-ci, que le colonel Troude pourrait adopter :

> Kleze dir er brezel,
> Levrik aour em c'hastel.

> « Au combat, glaive d'acier,
> Livre d'or à mon foyer. »

Avec quel honneur il a manié l'un, je n'ai pas à le dire, ses états de services répondent; j'ai à montrer avec quel soin il a écrit l'autre. Ce qu'il a gagné comme prix du sang, il le mérite comme prix du savoir. Mais cette sorte de décoration, on ne l'obtient le plus souvent que de la conscience et de l'opinion : Berryer n'en a point voulu d'autre, et cependant quelle étoile a manqué à ses funérailles? Il suffit de même à M. Troude d'avoir bien mérité de son pays; la reconnaissance des Bretons capables d'apprécier le dévouement à la science et à la cause nationale, est pour lui la vraie récompense. Le nom qu'il aime à porter, comme une fleur à la boutonnière, est celui du joli petit livre que je citais tout à l'heure, *Mignon ar vugale,* « l'Ami des enfants, » et sa gracieuse *Botanique de Marie et de Gabrielle* n'est pas faite pour le lui ôter.

Son général, qui unissait la charrue à l'épée, n'aimait pas moins les plantes et les petits enfants.

Mais il est temps de parler de l'édition, complétement refondue, que le colonel vient de publier de son ouvrage capital.

Je lis en tête cette épigraphe, tirée de nos proverbes nationaux :

> Ar brezonek hag ar feiz
> A zo breur ha c'hoar e Breiz.

« Le breton et la Foi sont frère et sœur en Bretagne. »

Un tel signe de croix, dès le début, est d'un cœur vaillant; il me plaît et il plaira ; il honore celui qui le fait sans bigoterie, dans la plénitude de sa conviction et de sa liberté.

Avec la cause que sert le colonel, et le but auquel il marche, j'approuve le système qu'il suit. Le titre de son dictionnaire l'indique suffisamment. Ce n'est pas une édition corrigée du précédent, c'est un nouvel ouvrage, et trois fois plus considérable ; ce n'est plus un livre rédigé au seul point de vue scientifique, pour faire suite au dictionnaire breton et français de M. Le Gonidec, c'est un travail *pratique,* dans toute la force du terme ; c'est un véritable trésor de la langue bretonne usuelle ; tous les mots, tous les exemples sont tirés des meilleurs écrits, soit en vers, soit en prose, de notre époque ; la plupart des écrivains contemporains ont contribué à l'enrichir ; leurs noms y sont inscrits avec leur contribution personnelle ; chacun peut dire : *Hæc mea sunt,* et le peuple breton-bretonnant, dans sa grande généralité, le dira lui-même en y reconnaissant son bien et sa monnaie courante.

Le dialecte de Léon est cependant celui que le colonel a adopté de préférence : « Quand on veut embrasser toute une province, dit excellemment M. de Wailly, ne risque-t-on pas de réunir des éléments disparates pour en former un composé artificiel, et ne vaut-il pas mieux borner le champ de ses observations, en s'attachant à un dialecte particulier, tel qu'on peut l'observer dans l'unité du temps et du lieu où il s'est manifesté [1] ? »

Non pas que le dictionnaire de M. Troude ne puisse servir que pour écrire ou parler l'idiome du Léon ; il ne remplirait pas son but d'utilité générale ; afin de l'atteindre, l'auteur a donné les différentes formes dialectiques des mots ; et ceux de Vannes, jusqu'ici réduits au dictionnaire français et breton de l'Armerye, se trouvent cités à leur avantage, et au profit des Morbihanais comme de tous les philologues.

A propos de nos dialectes, le colonel Troude est le premier qui ait indiqué d'une manière exacte la délimitation de chacun d'eux : elle lui a été fournie par une carte manuscrite de M. Hamonnic,

[1] *Mémoire sur la langue de Joinville.*

employé des postes à Brest. On y verra que le dialecte léonnais va
de l'anse de Lauberlac'h par Brest, Lannilis et Plouescat, en suivant
la côte, jusqu'à Morlaix ; puis, de Morlaix, en venant vers le sud,
jusqu'au Cloître ; et du Cloître, à l'ouest, jusqu'à Daoulas, qui reste
en dehors de cette ligne. Le pont de Landerneau en serait la limite,
si l'on en croit le proverbe :

> Pa vezit war bont Landerne,
> N'oc'h nag e Leon nag e Kerne.

« Quand vous êtes sur le pont de Landerneau, vous n'êtes ni en Léon
ni en Cornouaille. »

Le dialecte trégorrois s'étend, à l'ouest, depuis Morlaix jusqu'au
Cloître ; au sud, du Cloître à Saint-Gueltas ; à l'est, de Saint-Gueltas
jusqu'à la côte, entre Plouha et Pontrieux ; au nord, le long de la
côte, par Paimpol et Lannion jusqu'à la rade de Morlaix.

Le dialecte de Cornouaille, à l'ouest et au sud, va de Daoulas à
Quimperlé, en suivant la côte ; au sud-est, de Quimperlé à Loudéac,
en allant vers le nord-est ; et passant par Arzanô, à l'est, de Loudéac à Saint-Gueltas, en traversant Corlay.

Enfin, le dialecte vannetais suit la côte, au sud, de Quimperlé à
Muzillac ; à l'est, il va de Muzillac à Loudéac, en passant par Elven
et Logonec'h ; et au nord, de Loudéac à Quimperlé.

Indépendamment de ces quatre dialectes principaux de la langue
bretonne, il en existe un cinquième, dont le colonel ne parle
pas, et qu'il serait bien intéressant d'étudier sur le petit espace où
il existe encore ; c'est l'idiome du bourg de Batz et de quelques
villages du pays de Guérande. Étant au collége à Nantes, je pouvais
converser avec ceux de mes camarades venus de ce pays-là, et ils
ne trouvaient pas une très-grande différence entre mon dialecte
cornouaillais et le leur : de mon côté, j'entendais assez bien leurs
chansons.

A la géographie des dialectes armoricains, le colonel a joint :
1º une notice sur la prononciation et l'orthographe des mots ; 2º un
supplément à la grammaire de Le Gonidec, où il indique des règles
omises par cet excellent grammairien ; 3º quelques remarques sur
des idiotismes qu'il croit particuliers au breton ; 4º divers tableaux

des noms de pays, de rivières et villes principales, des noms de
baptême, des termes bretons francisés en Bretagne et dans quelques
provinces de France ; enfin, des expressions, ou, pour mieux dire,
quelques expressions communes à la langue bretonne et à d'autres
langues, — car il y en a bien davantage, — et, au lieu d'un petit
tableau, il faudrait un volume.

Comme on le voit, l'auteur a tâché de suppléer, dans ses prolégo-
mènes, à ce que la nature de son dictionnaire ne comportait pas.

Celui-ci me parait bien justifier la définition donnée par M. Littré
d'un bon recueil du genre : c'est un enregistrement très-étendu
d'observations positives et d'expériences disposées pour éclairer l'u-
sage et la grammaire.

En ne sortant pas du présent, en ne donnant que les mots de la
langue usuelle et de la vie pratique, contrôlés par sa propre expérience, le colonel Troude ne s'est pas interdit, à l'occasion, quand
le présent pouvait recevoir quelques lumières du passé, de faire
certains rapprochements entre les formes bretonnes actuelles et les
formes du moyen âge. Mais d'étymologies, point, et je l'en loue très-
fort. Qui de nous n'a pas à regretter d'en avoir fait, avant que les
règles sévères de cette science délicate fussent bien établies ?
De quel poids pèsent encore sur l'opinion les railleries qu'ont fait
pleuvoir les imaginations des Bullet, des Le Brigand, et même de
notre La Tour-d'Auvergne, qui, pour être le premier grenadier de
France, n'en était pas le premier étymologiste ! Je ne puis oublier
le sourire dédaigneux et moqueur que provoquaient dans ma jeunesse les prétentions étymologiques de nos vieux celtomanes. Elles
n'étaient pourtant pas plus ridicules que celles des hellénistes et
des latinistes d'autrefois. Pour mettre fin aux imaginations et aux
conjectures, pour introduire la règle, la méthode et l'expérience
dans les recherches de la science philologique, pour en bannir l'ar-
bitraire, il fallait le génie et l'autorité des Bopp, des Grimm et des
Zeuss. Aujourd'hui, aucune étymologie, non évidente par elle-
même, n'est admise comme incontestable, si elle ne réunit certaines conditions qu'ils ont reconnues nécessaires ; si les racines,
le sens et la forme des mots ne s'accordent pas ; si les règles de

permutation n'y sont pas observées; si leur origine et leur filia-
tion historique ne sont pas bien établies; s'ils se refusent à subir
l'épreuve de la comparaison entre les diverses branches de l'idiome
générique. Voilà, dira-t-on, une méthode bien rigoureuse; voilà
un instrument bien difficile à manier. Tant mieux! les maladroits
ou les ignorants ne s'en serviront plus :

Indocti discant et ament meminisse periti!

D'ailleurs les *periti*, les habiles, sont devenus prudents : l'exemple
de D. Le Pelletier leur a profité : quand on aura sous la main un
assez grand nombre de textes anciens, on pourra songer au dictionnaire étymologique de nos idiomes[1]. Alors aussi on pourra faire
le dictionnaire historique du breton, donner après chaque expression' moderne les différentes formes qu'elle a subies en traversant
les différentes époques, illustrer chacune d'exemples rangés par
ordre chronologique, en un mot, imiter le travail commencé par
l'Académie française, et magistralement achevé par M. Littré.

En attendant cette œuvre digne de tenter quelque élève de Zeuss,
le savant M. W. Stokes, par exemple, et sur laquelle j'appelle l'attention, soit de M. J. Le Coz, soit de notre historien, M. Morin,
qui vient de publier une si bonne petite traduction abrégée de
la *Grammatica celtica*, continuons les monographies pratiques
comme celle du colonel Troude. Elle joint parfois aux qualités
d'un dictionnaire des plus commodes, parce qu'il met à la dis-
position du lecteur une abondante moisson de phrases, les avan-
tages d'une grammaire. Je recommande principalement les remarques qu'il fait sur l'orthographe de certains mots (p. 846); le
changement des consonnes muables (pp. 602, 603, 604, 605, 617
et 693); les difficultés et irrégularités verbales (pp. 82, 364, 587,

---

[1] « Dans leur état actuel, » remarque M. Littré qui leur est très-sympathique,
« une circonstance gêne l'usage qu'on en peut faire pour l'étymologie. Les langues
néo-celtiques sont infestées de mots latins et, sur le continent, de mots français,
si bien que souvent, en trouvant un mot qui est dans les langues romanes, on ne
sait si elles ont prêté ou emprunté. » (*Les Barbares et le moyen âge*, p. 354. —
Étude sur mon *Grand mystère de Jésus*.)

908 et 909); les vraies constructions grammaticales (p. 729); les tournures les plus conformes au génie de la langue (pp. 506 et 507); les élégances à rechercher (p. 587); les défauts à éviter (p. 738); les modèles à suivre (pp. 843 et 912). Ces remarques prouvent qu'il a porté la méthode expérimentale très avant dans l'étude du breton moderne. En suivant les conseils dont il a semé son dictionnaire, on ne peut manquer de bien écrire ; je lis à l'article STYLE (p. 843) une page que je veux transcrire : elle est d'un observateur consommé. « Toutes les langues, dit le colonel, ont deux langages : le langage écrit et le langage parlé, usuel et vulgaire. Dans toutes les langues aussi on passe à ce dernier une foule de licences qu'il faut absolument proscrire dans le style écrit, quand il est grave et relevé. Pour se convaincre de cette vérité, il suffit à tout homme instruit de comparer ses paroles dans la conversation à ses paroles dans un écrit.... En Afrique, les indigènes lettrés n'emploient pas, même entre eux, *pour parler*, l'arabe littéral dont ils se servent exclusivement *pour écrire*. Les indigènes lettrés ne seraient pas compris des indigènes illettrés, s'ils employaient pour parler l'arabe littéral. Les indigènes lettrés et illettrés emploient les mêmes mots dans la conversation.

» Quoi qu'il en soit, certains Bretons-bretonnants, comme on dit, ne veulent pas admettre cela et font figurer dans leurs écrits le même abandon que dans la conversation. Pour eux, le style écrit et sévère doit être traité comme le style des conversations journalières, comme le style familier en un mot.

» Quant à nous, nous croyons que si de telles prétentions se produisent, c'est par la raison que ces Bretons ne se sont jamais occupés de la langue, au point de vue de la correction, au point de vue du style écrit. On a entendu parler ainsi dans son enfance, et l'on fronce le sourcil quand on entend dire autrement. C'est l'ouvrier français illettré qui trouve étonnant que ses pratiques ne lui disent pas : *Vous v'la don de r'tour? On leur-z-a dit de v'nir. V'la c'qu'y a d'pis*, etc.... Ajoutons, pour l'honneur de la langue bretonne que jamais les gens, même les plus illettrés en Bretagne, ne donnent dans leurs conversations des exemples d'un dévergondage de langage semblable à celui qui règne dans les trois phrases françaises qui précèdent.

» Le langage doit être épuré, continue l'auteur, soit que l'on écrive en prose, soit que l'on écrive en vers. Dans ce dernier cas, il faut être très-économe de licences poétiques, sous peine de passer, à juste titre, pour *pauvre* ou peu *consciencieux*. Le BARZAZ-BREIZ devrait être pris pour modèle des poésies bretonnes; là, on ne trouve qu'un style épuré, et pourtant vif et concis; là aussi on ne trouve jamais de ces phrases traînantes et redondantes qui lassent si vite le lecteur. Les poésies légères elles-mêmes y sont traitées avec beaucoup d'égards pour la correction du langage. »

« Quant à la prose, ajoute le colonel, nous possédons des ouvrages inédits, où transpire à chaque ligne l'imagination du poète et le génie de la langue bretonne. » Ce sont des contes traditionnels aussi remarquables de concision, de vivacité et d'originalité, que nos chants populaires choisis. M. Troude engage les écrivains à les méditer avec soin, comme faisant battre les cœurs bretons. Il en cite même un entier (p. 912), excellent de fond et de forme, vrai modèle du genre, extrait d'un recueil manuscrit dont la publication est bien à désirer; pourquoi ne l'a-t-il pas traduit? Un plus grand nombre de personnes y auraient pris le plaisir que je viens d'y prendre et que j'y trouvais dans mon enfance, en l'entendant de la bouche d'un vieux conteur qui était la joie de mon foyer.

Le colonel donne, au sujet du style en général, un dernier conseil à ceux pour qui il a écrit dans son dictionnaire. En y cherchant certaines expressions, on a le regret de ne pas les y trouver; telle idée n'ayant pas ou n'ayant plus cours en Bretagne est inexprimable à l'aide des ressources qu'il offre : il est loin de contenir, pour la nomenclature, tous les mots des langues modernes. Que faire quand il faut en rendre quelques-uns? Habiller à la bretonne le terme néo-latin, ou même emprunter purement et simplement au français? Hélas! c'est ce qu'on a fait trop longtemps. M. Charles de Gaulle, qui, sans avoir jamais mis le pied en Bretagne, est parvenu à écrire dans notre langue mieux que bien des Bretons, a proposé soit de restaurer d'anciens mots, tombés en désuétude et qu'on expliquerait ; soit d'en créer de nouveaux à l'aide des radicaux bretons en usage ; soit même de recourir aux dialectes gallois ou corniques, lorsque leur richesse peut venir fraternellement en aide à notre pauvreté : le succès de certains néologismes serait assez encourageant. Toutefois, le colonel Troude, plus sévère en ce point que M. Littré, qui n'a pas cru devoir exclure tous les néologismes de son *Dictionnaire de la langue française*, n'en a admis aucun, dans la crainte sans doute de n'être pas généralement entendu, et de ne pas assez justifier le titre de *pratique* qu'il a donné à son ouvrage. Il conseille d'employer parfois les équivalents et la périphrase, « pour ne pas charger le breton de mots étrangers à la langue. » (P. 15.)

La périphrase, en effet, lorsqu'elle sort tout armée d'un cerveau breton, avec la figure, l'éclat et l'éclair naturel, a une puissance incomparable, dont les termes abstraits sont trop souvent privés ; ajoutons que ces termes et les idées du même genre sont antipathiques au génie breton, et, la plupart du temps, littéralement intraduisibles : le colonel Troude a raison de le dire et d'insister là-dessus.

En me rangeant, dans la mesure convenable, à un avis aussi prudent, je voudrais qu'on n'en continuât pas moins de creuser de plus en plus, et en tout sens, le sol armoricain, qu'on en tirât tout l'or jusqu'à la plus petite parcelle, qu'aucun point de notre idiome ne restât sans être exploré.

Les trouvailles vraiment sont parfois de nature à payer tous les efforts : il n'est personne qui n'en ait fait ; nos médecins en font tous les jours ; j'en aurais appelé, dans ma jeunesse, au docteur Laënnec et au docteur Guizouarn ; j'en appelle au docteur Halléguen ; à nos ecclésiastiques surtout ; demandez-le plutôt à l'abbé Roudot et à l'abbé Étienne ; demandez-le à l'abbé Henry : leur ministère les sert heureusement.

Un prêtre du Cap, auprès duquel une vieille amitié me conduisit l'année dernière, M. Hingant, recteur de Plogoff, m'en a donné lui-même la preuve. « Mes paroissiens, me disait-il, ont conservé certaines expressions qu'on ne rencontre plus ailleurs ; j'en ai noté d'intéressantes en ce qu'elles peuvent traduire des mots français dont on ne trouve pas les correspondants dans nos dictionnaires bretons les plus complets. Comment, par exemple, rendriez-vous le verbe *répondre*, dans le sens de répliquer à un supérieur, peu respectueusement, comme un fils à son père ? »

J'avouai mon impuissance; aurais-je déjà connu la manière dont le colonel Troude fait éviter la difficulté, qu'elle ne m'eût pas satisfait : il emploie la périphrase *Komz dichek* (p. 606), (parler avec arrogance), trop forte, à mon avis, et qu'il traduit, du reste, trop faiblement par *murmurer*, en citant comme exemple : « Il murmure contre son père; *Komz dichek a ra oc'h he dad.* »

« Hé bien, poursuivit l'abbé Hingant, une personne de ma paroisse m'a appris le vrai mot breton pour rendre le verbe *répondre* dans le sens que je vous disais : s'accusant à moi d'un certain manque de respect envers son père, elle s'exprima ainsi : EILGERIET *emi euz oc'h va zad* (j'ai répondu à mon père).

» En décomposant *eilgeriet,* je n'eus pas de peine à y découvrir l'adjectif *eil* second, et le participe passé *geriet,* de l'ancien verbe inconnu *geria,* parler, dont le radical *ger,* parole, existe seul aujourd'hui ; et je vis que la faute accusée par mon pénitent, avec un profond regret, comme très-grave, consistait à avoir, non pas mal parlé à son père, ni même eu avec lui le *dernier mot,* comme nous dirions en français, mais seulement le second, *eil;* et j'admirai encore plus sincèrement le bon peuple dont le cœur a prêté à sa langue une expression aussi délicate. »

Que de locutions non moins exquises et d'une nuance non moins fine nos prêtres pourraient recueillir, surtout de la bouche des femmes et des enfants !

Le dernier Congrès celtique international a émis le vœu qu'un appel, en ce sens, fût fait partout au clergé, et l'Evêque de Saint-Brieuc a bien voulu me promettre, séance tenante, d'y répondre. J'ose appeler sur le même sujet l'attention de Mgr l'Evêque de Quimper, qui a doté notre pays du premier journal breton, et celle de l'Evêque de Vannes, notre compatriote. Grâce à leur haute coopération, nous pourrions avoir, quelque jour, un répertoire complet des mots de tous nos dialectes.

Le colonel Troude se joindra certainement à moi pour la leur demander ; il est loin de regarder son dictionnaire comme achevé ; n'a-t-il pas écrit en tête : « *Un dictionnaire n'est jamais fini : avis aux travailleurs !* » Puissent ceux-ci l'entendre ! Puissent-ils se répandre, chacun dans l'enceinte de son dialecte, pour faire leur provision de miel et l'apporter aux quatre ruches préparées au soleil levant de la science celtique !

Que de fleurs ont passé qu'on n'a pas su cueillir !

disait Brizeux, avec tristesse ;

> Sur sa tige oubliée, ah ! ne laissons mourir
> Aucune des fleurs de ce monde !

Il reste encore beaucoup à butiner : sans parler des *Bleuniou Breiz*, le jardin du docteur Bijon, de *Doue ha mem bro*, la couronne de Mgr Le Joubioux, des *Burzudo*, ce petit coin de terre si souriant de l'abbé Cabec *(Ille mihi angulus ridet)* ; il faudra dépouiller ce qui vient d'éclore, le FURNEZ AR GEIZ EUZ A VREIZ (*la sagesse des pauvres gens de Bretagne*), glanes précieuses de bons sentiments, de belles pensées, de maximes salutaires, liées d'hier par M. Gabriel Milin, avec l'élégance du Léonnais, la rondeur du Cornouaillais et la pointe du Trégorrois.[1] On aura aussi plus d'une goutte de miel à dérober aux belles guirlandes dont les mains pieuses et habiles de MM. Auguste Dubourg, Le Floc'h, J.-M. Le Jean, Le Mat, J.-P.-M. Le Scour, Le Tourneur, ont paré dernièrement le tombeau de Mgr Le Mintier[2].

Les abeilles bretonnes se garderont d'oublier le champ d'*Abervrac'h*, où l'abbé Goulven Morvan a fait naître une si riche moisson de fleurs de la couleur du sang qu'on y vit couler, mais qui n'en ont pas moins de grâce et de parfum[3].

---

[1] E Brest, e ti Lefournier, 1 vol. in-18. 1869.

[2] *Translation des restes de M^er Le Mintier.* (Tréguier, A. Le Flem, 1868.)

[3] *Argad Abervrac'h.* (Kemper, ti de Kerangal, 1868.)

Mais quelle picorée plantureuse à opérer dans les prochaines *Heuriou latin ha brezonek* de M. Le Jean, dans la troisième édition de l'*Histor Breiz*, dans l'inappréciable collection de *Feiz ha Breiz*, dans les premières années des *Lizeriou Breuriez ar Feiz*, dans les *Keloio* du même genre, du pays de Tréguier, dans le *Brediah er fe* de Vannes, et dans bien d'autres textes vulgaires en voie de publication !

Vienne — pour employer tant de richesses, parmi lesquelles je n'ai garde d'omettre la collection de M. de Penguern — vienne un nouvel essaim d'intelligences laborieuses, vienne un troisième, un quatrième, l'essaim rare, *l'essaim d'argent*, *l'arc'hant hed*, comme nous l'appelons !

Mais nous n'en sommes encore qu'au premier, et le chaume de la ruche est loin d'être noirci.

Suivons donc l'avis de Sévère, qui est aussi le vôtre, mon colonel : *Laboremus !* Au travail !

H. DE LA VILLEMARQUÉ,
de l'Institut.

Nantes, imp. Vincent Forest et Émile Grimaud, place du Commerce, 4.